Anxiété

Guérir votre cerveau anxieux - Mettre fin aux stress et attaques de panique - Arrêter et contrôler votre craintes, peur et inquiétude constante (Livre en Français / Anxiety French Book)

Par Freddie Masterson

Pour encore plus d'excellents livres visitez :

HMWPublishing.com

Télécharger un autre livre gratuitement

Je tiens à vous remercier d'avoir acheté ce livre et vous offre un autre livre (tout aussi long et utile que l'est ce livre), « Erreurs de santé et de remise en Forme. Vous en faites sans le savoir », totalement gratuitement.

Visitez le lien ci-dessous pour inscrire et recevoir: www.hmwpublishing.com/gift

Dans ce livre, je vais indiquer les erreurs de santé et de remise en forme les plus courantes, que probablement vous commettez en ce moment même, et je vais vous révéler comment vous pouvez facilement obtenir en meilleure forme dans votre vie !

En plus de ce cadeau utile, vous aurez aussi l'occasion d'obtenir nos nouveaux livres gratuitement, de concourir pour des cadeaux et de recevoir d'autres e-mails utiles de ma part. Encore une fois, visitez le lien pour vous inscrire : **www.hmwpublishing.com/gift**

Table des matières

Introduction 7
CHAPITRE 1: COMMENT FONCTIONNE UN ESPRIT SOUCIEUX 11
Les neuromédiateurs et l'anxiété 12
L'anxiété et l'activation du cerveau 14
L'anxiété et les hormones 16
Adrénaline / Épinéphrine 17
L'hormone thyroïdienne 18
Les crises de panique et le cerveau 19
Plus de connexions 19
Traiter l'anxiété quand il est une cause cérébrale 20
CHAPITRE 2: LES NEUROSCIENCES DE LA PEUR 22
Que se passe t'il dans votre cerveau quand vous avez peur ? 22
La peur est-elle innée ou acquise ? 26
Quelles craintes sont les plus fréquentes ? 29
CHAPITRE 3: FAIRE FACE À L'ANGOISSE 31
Pourquoi l'anxiété est-elle si puissante ? 32
Utiliser la puissance d'un esprit anxieux 36
Contrôle de l'anxiété, ne laissez pas l'anxiété vous contrôler ! 37
Soyez patient! 39
Observez simplement 40
Faites confiance à votre anxiété 41
Ayez toujours confiance en vous 42
Rencontrez votre anxiété 44
Effacer vos Filtres 46
Accepter l'incertitude 49

CHAPITRE 4: COMMENT OBTENIR DU SOULAGEMENT DANS LE SOUCI, l'ANGOISSE ET LA PEUR 52
Pourquoi est-il difficile d'arrêter l'inquiétude ? 53
Règle n ° 1 - Créer un temps d'inquiétude 55
Règle n ° 2 - Le problème est-il solvable ? 60
Règle n ° 3: Défiez vos pensées anxieuses. 67
Les distorsions cognitives ajoutent plus d'anxiétés, de stress et de préoccupations. 70
Règle n ° 4 - Accepter l'incertitude 73
Règle n ° 5 - Prenez conscience des autres 76
Règle n ° 6 – Entrainer la conscience 80
CHAPITRE 5: LES ALIMENTS QUI AIDENT À COMBATTRE L'ANGOISSE 84
Introduisez des aliments riches en acides gras oméga-3 85
Inclure la bonne quantité de glucides complexes 86
Optez pour la camomille 87
Aliments de consommation élevés en tryptophane 87
Mangez des aliments riches en vitamine B 89
Incorporer des protéines au petit déjeuner 90
Restez hydratés 91
Aliments à éviter 91
Réduire la quantité d'acides gras oméga-6 91
Évitez l'alcool 92
Réduire la caféine 93
Évitez les glucides simples et les sucres 94
Gérer les allergies alimentaires 95
L'intégration d'autres activités pour gérer l'anxiété naturellement 96
Prendre des suppléments 96
Les exercices 98
Dormez suffisamment 104
Visitez votre médecin 105

Conclusion 107
Pour finir 1
À propos du co-auteur 3

Introduction

Il sera étonnant de savoir que votre cerveau est la source de votre anxiété. Ce n'est pas seulement que l'anxiété se manifeste dans ce qui traversent votre esprit, mais c'est aussi qu'elle affecte la chimie de votre cerveau de telle manière qu'elle va modifier les pensées futures et donc influencer la façon dont votre corps fonctionne.

Comme vous le savez, l'anxiété peut être un trouble maladif. Vous pouvez ressentir des symptômes physiques, même si vous ne vous sentez pas anxieux, ce qui peut vous amener à agir sur les événements de la vie et vous renforcer dans votre comportement.

Ce livre, « L'anxiété : Le Guide Ultime Du Débutant Pour Reconvertir et Réentraîner Votre Cerveau Anxieux et en

Finir Avec Les Crises de Panique - Stratégies Quotidiennes Pour Enfin Surmonter et Arrêter Votre Anxiété Constante, la Peur et l'Inquiétude (Neurosciences, Vaincre Les Crises de Panique) » vous guidera avec les éléments suivants:

- Comment contrôler votre conscience d'esprit et libérer sa puissance à votre avantage sur les problèmes d'anxiété

- Gérer et contrôler les crises de panique, l'anxiété, les soucis et le stress

- Comprendre comment un mode de vie alimentaire approprié peut vous aider à combattre l'anxiété.

Ce livre réponds aussi au besoin des personnes qui sont sujettes aux crises d'angoisse en raison de la nature de leur travail, d'une précédente expérience traumatisante, notamment pendant l'enfance, et aux personnes qui ont un trouble psychologique indiquant un quotient émotionnel plus faible (EQ).

Aussi, avant de commencer, je vous recommande <u>vous joindre à notre bulletin électronique</u> pour recevoir des mises à jour sur les nouvelles versions des livres et les promotions à venir. Vous pouvez vous inscrire gratuitement, et en prime, vous recevrez un cadeau gratuit. Notre livre « Erreurs de Santé et de Remise en Forme. Vous Ne Savez Pas Celles Que Vous Faites »! Ce livre a été écrit afin de démystifier, d'exposer le faire et ne pas faire et enfin de vous donner les informations dont vous avez besoin pour obtenir la meilleure forme de votre vie. En raison de la quantité énorme de mésinformation et de mensonges proférés par les magazines et les auto-proclamés « gourous », il devient de plus en plus difficile d'obtenir des informations fiables pour être en forme. Plutôt que d'avoir à passer par des dizaines de sources biaisées, peu fiables voir non fiables pour obtenir vos informations de santé et de remise en forme. Tout ce dont vous avez besoin pour vous aider a été indiqué dans ce livre pour vous aider facilement à suivre, à obtenir immédiatement des résultats et atteindre vos objectifs de fitness souhaités dans le plus court laps de temps.

Encore une fois, joignez-vous à notre bulletin électronique gratuit et recevez une copie gratuite de ce livre utile, s'il vous plaît visitez maintenant le lien d'inscription : **www.hmwpublishing.com/gift**

CHAPITRE 1 : COMMENT FONCTIONNE UN ESPRIT SOUCIEUX

L'anxiété peut survenir à tout moment au cours d'une vie, et il peut s'être forgée au fil des années d'expérience. Cependant, certaines personnes sont nées avec un déséquilibre anormal dans la production de certains neurotransmetteurs, qui est une substance qui contrôle les fonctions corporelles spécifiques et les aspects émotionnels. Que ce soit ou non votre ADN qui est sujet à des troubles de l'anxiété, il est essentiel de savoir que cela est bien soignable.

Les neuromédiateurs et l'anxiété

À l'intérieur du corps humain, nous avons des substances chimiques qui envoient des messages à votre cerveau sur la façon dont vous percevez les choses. Ces émetteurs sont liés à l'anxiété en raison de changements hormonaux, y compris la sérotonine, le GABA et la norépinéphrine. Même la dopamine joue un rôle essentiel car elle fournit un effet calmant à ceux qui souffrent des symptômes d'anxiété.

La cause et les effets de la production de neurotransmetteurs sont difficiles à déterminer, et il est souvent impossible de distinguer un mauvais équilibre des neurotransmetteurs résultant de l'expérience de vie, d'un mauvais équilibre des neurotransmetteurs résultant de la génétique. Les deux peuvent se produire chez une personne vivant avec de l'anxiété, et il y a certains cas où les deux peuvent être responsables des symptômes d'anxiété.

L'anxiété et l'activation du cerveau

Les troubles anxieux se compose de deux parties différentes, et il est possible qu'une personne ayant de l'anxiété soit affectée par une ou par les deux parties.

Pour la première partie, il y a les pensées mentales/nerveuses et les soucis verbaux. L'autre partie est physique, comme des battements de cœur rapides qui vont se manifester, des étourdissements, des crises de panique, de la transpiration et autres signes physiques.

Les chercheurs ont découvert que les personnes ayant des pensées anxieuses montre une plus grande activité dans le cerveau gauche à chaque fois qu'ils se sentaient nerveux alors que ceux qui ont exprimé des symptômes physiques montre une activité du cerveau droit.

Une récente étude de recherche sur l'arachnophobie qui a surveillé et analysé la réaction des participants qui a été « auto-identifiés » comme l'expérience de l'anxiété sur les araignées qu'ils devraient faire face à leur propre peur avec une exposition directe à l'insecte. Il a été constaté dans les résultats de ladite étude que le cortex cingulaire antérieur (CCA), l'hypothalamus, et l'insula antérieure de certains individus était plus actifs que ceux qui n'ont exprimé une réponse craintive à l'idée d'affronter une vraie araignée.

Une autre étude menée par l'Université du Wisconsin-Madison a également découvert que les personnes souffrant d'un trouble anxieux généralisé semble avoir un lien plus faible entre la substance blanche du cerveau avec le cortex préfrontal et le cortex pariétal du cerveau. En comparaison à ceux sans trouble d'anxiété généralisée dans laquelle le résultat semble être plus important.

Ce qui suit explique les différentes façons que l'anxiété peut activer le cerveau.

L'anxiété et les hormones

Un déséquilibre hormonal peut conduire à une anxiété qui peut aussi affecter la chimie du cerveau, ainsi que la production des neurotransmetteurs et l'équilibre émotionnel général. Ainsi, s'il semble y avoir un déséquilibre dans les hormones, l'anxiété peut survenir. En tant que tel, nous allons analyser ci-dessous les hormones qui peuvent affecter de manière significative le cerveau.

Adrénaline / Épinéphrine

Cette hormone est considérée comme l'une des causes d'anxiété les plus courantes. Cette hormone est libérée quand la personne est dans un mode de combat-fuite. Elle peut contribuer à une augmentation du rythme cardiaque, aux tensions musculaires, et bien plus encore. Dans d'autres cas, l'anxiété et le stress à long terme peut causer des dommages à votre capacité à contrôler l'adrénaline, et par conséquent, à ajouter plus de symptômes d'anxiété.

L'hormone thyroïdienne

Les hormones thyroïdiennes régulent la production d'acide γ-aminobutyrique (GABA), la sérotonine et de la norépinéphrine ainsi que leur distribution vers le cerveau. Par conséquent, une hyperthyroïdie peut augmenter le risque de développer de l'anxiété. Plusieurs hormones peuvent causer du stress et tout changement dans la chimie du cerveau peut augmenter la production d'hormones qui pourraient conduire à d'autres symptômes d'anxiété.

Les crises de panique et le cerveau

Bon nombre d'études ont confirmé que ceux qui ont des crises de panique ont une amygdale hyperactive. Bien qu'ils ne sachent pas ce qui cause cette suractivité, les faits sont là – cette partie particulière du cerveau est le contrôle de l'expérience des crises de panique.

Plus de connexions

Des études démontrent que lorsque l'anxiété n'est pas traitée, le cortex préfrontal dorsolatéral (dlPFC), l'hippocampe, le cortex cingulaire antérieur, le cortex préfrontal dorsolatéral, et le cortex orbitofrontal semblent diminuer en taille. Ainsi, plus votre anxiété n'est pas traitée, plus ils deviennent petits et faibles.

Ce qui est intéressant c'est le fait que non seulement ces changements affectent les symptômes d'anxiété, mais aussi que cela crée des pensées anxieuses. Les personnes souffrant d'anxiété supposent que leur façon de penser et des sur-analyser les situations est purement naturelle, mais en réalité, le cerveau contribue à ce type de pensée négative.

Traiter l'anxiété quand il est une cause cérébrale

Il est également fréquent pour les personnes qui ont une période difficile avec des trouble anxieux de se sentir déprimé car cette anxiété interfère avec leur vie. Cependant, avec le bon traitement, le cerveau humain qui est incroyablement adaptatif peut répondre positivement et surmonter aussi bien les inquiétudes que les pensées négatives.

Il y a beaucoup de chemins pour surmonter le stress et revenir à votre vie d'avant. En étant cohérent et en ayant de la patience avec vous-même. Utiliser les outils de relaxation appropriés vous permettra de contrôler votre anxiété générale.

CHAPITRE 2: LES NEUROSCIENCES DE LA PEUR

Vous pouvez regarder des films d'horreur, de zombie apocalyptique, de meurtres mystérieux, d'aventures, d'action et de suspense de genre thrillers. Mais qu'est-ce qui vous attire vers ces films d'horreur alors que vous savez que ceux-ci vont vous amener à avoir peur ?

Que se passe t'il dans votre cerveau quand vous avez peur ?

Chaque fois que vous êtes exposé à des situations effrayantes, vous vous tournez automatiquement sur une réaction de lutte ou de fuite. Dans cet état, votre corps produit des hormones d'adrénaline qui peuvent donner à votre force une force surnaturelle pour surmonter ce qu'il ne serait pas possible dans une situation typique.

En 2008, le « Journal of Neurology » a publié qu'inonder le cerveau avec de la dopamine affecte également les comportements suggestifs de peur et de paranoïa chez les rats. Étant donné que la dopamine est également associée au plaisir, et que cette hormone est libérée au cours de scénarios effrayants ainsi qu'au soi-disant « rush d'adrénaline et d'endorphines » il peut conduire à une sensation élevée ou très élevée. Certaines personnes aiment ce type de sensations.

La plupart des gens ne passent pas par des situations terrifiantes. Quand nous regardons des films de suspense de type thrillers et des films d'horreur, notre cerveau traite rapidement les informations transmises et perçoit que la menace n'est pas réelle. Ainsi, lorsque nos sens déclenchent une réaction de peur, comme nous éjecter en dehors de notre siège dans un parcours d'amusement, notre cerveau reconnaît immédiatement qu'il n'y a pas de danger réel, et que nous sommes dans une situation sécuritaire.

Bien que les psychologues ne soient pas en mesure d'identifier le centre de la peur du cerveau, l'amygdale qui niché entre les lobes temporaux est en quelque sorte responsable du traitement des situations et menaces effrayantes. Les animaux avec une amygdale endommagés sont considérés comme dociles et montrent moins de réponses combat-ou-fuite. Lorsque des menaces sont introduites, il y a une activité neuronale observée dans l'amygdale humaine, avec une augmentation du rythme cardiaque.

En 1995, une étude dans le « Journal of Neuroscience » a soutenu et exposé le rôle prépondérant joué par l'amygdale dans la réponse à la peur. L'étude d'une femme, simplement nommée « S.M. » atteinte du trouble génétique rare de la maladie d'Urbach-Wiethe qui lui provoquait un rétrécissement et une calcification de son amygdale. Comme il a été observé, S.M. ne montrait aucun signe de peur, et elle ne pouvait pas reconnaître l'expression de la peur dans des situations effrayantes de tous les jours même en étant entourées par des vipères mortelles.

La peur est-elle innée ou acquise ?

Certaines craintes sont innées comme la peur de votre première représentation devant un large public, même si vous savez que vous pouvez bien performer. Si bien que, vous devez vous pratiquer avant devant une foule plus petite. Nous dépendons de la peur pour la survie, ou autrement, nous serions conditionnés à craindre des choses qui ne font pas peur.

Dans les résultats de « l'expérience du petit Albert », une célèbre expérience de conditionnement émotionnel 1920, a été constaté que la peur peut être apprise. Un bébé de 9 mois nommé Albert a été conditionné à craindre des objets à fourrure de la même manière que Pavlov l'a expérimenté avec des chiens.

Dans cette expérience, Albert a été exposé à des animaux et des objets à fourrure. Les expérimentateurs donnent à l'enfant un rat blanc pour jouer avec, ce que le bébé apprécie. À ce stade, Albert ne montre aucune réaction désagréable envers l'animal. Après avoir fait plusieurs essais, les expérimentateurs se sont mis à frapper avec un marteau une barre d'acier suspendue, pour provoquer un fort bruit lorsque Albert tentait de toucher le rat. L'acte a été répété plusieurs fois jusqu'à ce que les animaux et les objets qui étaient autrefois une source de joie et de curiosité était devenu pour le bébé un élément déclencheur de la peur. Ils ont finalement développé chez l'enfant, une peur de tous les objets à fourrure, y compris les manteaux de fourrure, les lapins et même d'un masque barbu de Père Noël.

Nos craintes peuvent aussi dépendre des expériences précédentes au cours de notre enfance, en particulier celles qui ont été traumatisantes. Par exemple, les morsures ou attaques de chien sont des événements traumatiques qui peuvent avoir des conséquences émotionnelles et peuvent affecter les victimes pendant des années.

Chaque fois que nos émotions deviennent élevées, les produits chimiques de notre cerveau travaillent à renforcer les souvenirs de la situation. C'est comme un stockage de sauvegarde instantanée des événements qui se sont passé à ce moment-là.

Quelles craintes sont les plus fréquentes ?

Une enquête menée en 2001 par Gallup auprès de 1000 adultes américains révèle que 51% des participants ont peur des serpents avec la peur de prendre la parole en public, la peur des hauteurs, des espaces confinés, etc. Les réponses ont montré que les femmes sont plus susceptibles d'avoir peur des reptiles et des insectes alors que les hommes auront plus tendance à avoir peur d'aller chez le médecin.

Une étude participative « crowdsourcing » effectué par Yahoo sur 20.000 volontaires ont trouvé un résultat légèrement différent en 2015. Les trois principales phobies sont décalées et commencent par la peur de la hauteur (acrophobie), la peur des araignées (arachnophobie), et la crainte des espaces clos (claustrophobie). Sont également inclus dans le top dix :

- La peur des eaux profondes (thalassophobie)

- La peur de parler en public (glossophobie)

- La peur des aiguilles (bélonéphobie)

- La peur de papillons (lépidophobie)

- Peur des objets à motif irrégulier troués (trypophobie)

CHAPITRE 3 : FAIRE FACE À L'ANGOISSE

Les pensées anxieuses peuvent être puissantes. Dans les fait, elles peuvent à terme, mettre votre logique et votre raisonnement hors de toute énergie et d'intelligence. Alors que se passerai t'il si vous utilisiez le pouvoir de votre puissant esprit et, que vous exploitiez sa force et son énergie pour qu'il travaille pour vous plutôt que contre vous ?

Au niveau le plus élémentaire, l'anxiété est une émotion. Cela peut être tout à fait choquant, mais la peur et l'anxiété sont des émotions importantes. En ce qui concerne la survie humaine et la réussite, l'anxiété et la peur nous incitent à prendre les mesures nécessaires. Par conséquent, le corps répond instantanément en produisant les hormones d'adrénaline qui nous font agir plus rapidement.

Cependant, comme nous savons, tout excès est presque toujours mauvais pour la santé. Ainsi, lorsque le cerveau est hypersensible, il met le corps à un niveau d'alerte élevé, même quand il n'y a rien d'alarmant. Ainsi, comment une réponse de notre corps à un trouble d'anxiété peut être elle d'aucune utilité ? On appelle cela une fausse alarme.

Pourquoi l'anxiété est-elle si puissante ?

L'anxiété est censée nous garder en sécurité. C'est un appel qui répond à une action de lutte ou de fuite lorsque nous sommes en présence d'un danger immédiat, notre corps commence automatiquement à nous préparer à l'attaque d'une menace ou à l'échappatoire du danger. Comme l'anxiété est automatique et instinctive, la possibilité d'effectuer les actions nécessaires peut assurer notre survie, mais dans certains cas, il peut aussi nous causer un préjudice grave. Quand nous devenons trop anxieux, notre esprit prend souvent la forme d'une inquiétante improductivité. De plus, les pensées intrusives et inquiétante dans ce sens représente une tentative infructueuse de contrôler le danger à portée de main. Ensuite, nous commençons à ressentir la détresse de ne pas avoir fait l'action appropriée. Nous tombons alors dans le cercle vicieux de l'anxiété.

Comme nous l'avons appris ci-dessus, nous savons que l'anxiété est basée sur la réalité d'une situation, mais qu'elle peut finir par saboter ce que la personne a besoin d'accomplir. Parfois, l'anxiété peut resurgir et sembler hors de proportion par rapport à une situation réelle. À son opposé, l'anxiété peut jouer un rôle nécessaire à la survie et être un fonctionnement optimal pour savoir comment les choses se passent et y répondre. Si nous apprenons à maîtriser notre esprit, la « bonne anxiété » peut nous être bénéfice sur la rectification de certaines situations et sur leurs améliorations.

Avec une pratique constante, il y a certains aspects de l'anxiété que vous allez pouvoir utiliser pour retrouver votre calme au sein d'une turbulence.

Modifier un état d'esprit implique de petites étapes modulées. La voie de la guérison peut être longue et rocailleuse, mais l'esprit est plus susceptible de subir des changements significatifs et bouleversants de part les compétences que vous mettrez en pratique tous les jours. Notez que votre état d'esprit reflète la manière dont il a été utilisé et qu'il peut prendre un certain temps avant de pouvoir briser les habitudes prises.

N'essayez pas de prendre les mesures drastiques toutes en même temps car elles vous feront abandonner. Faites un pas à la fois et pendant de courtes périodes, par de petites étapes qui au final seront importantes ! Rappelez-vous qu'à chaque fois que vous êtes hors de votre zone de confort, vous allez vous sentir anxieux. Alors, soyez gentil avec vous !

Utiliser la puissance d'un esprit anxieux

Quand l'anxiété est la puissance de l'esprit contre ce même esprit, vous pouvez l'utiliser comme votre plus grand atout plutôt que comme un obstacle. En fait, la plupart du temps, l'inquiétude signifie que quelque chose de grand se passe et que vous déplacez à travers de nouveaux défis. Qu'est-ce qui renforce la confiance en vous ? La réponse est simple : L'accomplissement. Votre esprit est puissant, utilisez-le à votre avantage. Ne passez pas votre temps à regarder en arrière pour voir une vie anciennement « sûr » et « confortable ». Ne regretterez pas les choses que vous faites dans la vie et les choses que vous ne faites pas.

Contrôle de l'anxiété, ne laissez pas l'anxiété vous contrôler !

Soyez là où vous voulez et non où il veut vous conduire.

L'anxiété utilise une collection solide d'« impondérables » et de « peut-être ».

Essayez de vous amarrer en ouvrant vos sens. Soyez conscient de vos sens. Quels sont vraiment vos plus grandes peurs ? Un bon outil est de revenir sur les souvenirs de quand vous vous êtes senti sérieusement inquiet au sujet d'un nouvel élément de votre vie. Comment les choses tournent ? Il y a des chances que tout était très bien, et il est vraiment utile de vous le rappeler. Soyez à l'aise avec ce qui se passe actuellement plutôt que d'anticiper ce qui pourrait arriver. Si vous vous sentez mal à l'aise, limitez ce temps, consacrez du temps à explorer et à expérimenter des choses du présent.

En le faisant, vous renforcez votre capacité à supprimer vos pensées anxieuses et à vivre l'instant présent.

Mettez-vous à ces exercices de l'esprit tous les jours aussi longtemps que vous le pouvez, plus cela dure, mieux cela est. La ligne de fond ici est d'exercer votre esprit à la pensée positive et d'aller vers aux nouveaux défis. Une telle expérience est saine et votre cerveau va sûrement l'apprécier !

Soyez patient!

Les pensées et les émotions vont et viennent. Pas une ne reste pour toujours, alors rappelez-vous toujours que peu importe comment vous avez ressenti un moment précis ou, ce qui vient dans votre esprit après.

L'expérience de la présence d'être pleinement présent sans ressentir le besoin de repousser vos pensées et vos émotions. Peu importe comment semble être la force de ces pensées et de ces sentiments, vous êtes toujours plus puissant et plus fort que ceux-ci. Vous êtes toujours plus résistants alors ne les forcez pas au passage. Au lieu de cela, laissez-les rester plus longtemps afin que vous puissiez les observer et réaliser leurs objectifs dans votre vie. Une fois que vous les faites, ils s'en irons rapidement au loin.

Observez simplement

Vous n'êtes pas obligé de vous engager avec vos pensées anxieuses. Approfondir vos pensées anxieuses est une perte de temps et de force. Détachez-vous de vos pensées anxieuses en prenant le temps d'auto-analyser votre trop-pensé à travers des situations effrayantes. Quand vous comprenez les choses que vous effraient, vous pouvez trouver les sources des craintes.

Pour illustrer cela, imaginez que vous êtes au milieu d'une tempête. Au lieu d'essayer de contrôler la direction des vents puissants pour qu'ils s'éloignent de vous, vous pouvez vous imaginer regarder la tempête à travers une fenêtre tout en sachant que bientôt, ils s'arrêteront.

Faites confiance à votre anxiété

Votre forte conscience et votre esprit réfléchi va essayer de prendre ces sentiments d'anxiété et de les mettre dans le contexte, car avec l'idée qu'ils ne sont pas attachés à quelque chose, cela peut vous faire sentir pire encore.

Vous pourriez vous sentir stressé des choses qui causent vos soucis, ce qui est courant dans l'anxiété. Vous commencez à penser, c'est un signe de protection contre quelque chose de mal qui pourrait se produire.

Pratiquez votre calme en prenant une grande respiration, dès que l'anxiété arrive. Ce n'est pas facile, mais en le faisant, vous serez bientôt en mesure de maîtriser vos pensées et ne plus croire le message que l'anxiété apporte à vos émotions.

L'anxiété se présente comme un avertissement et non pas une prédiction. Vous devez vous sentir en sécurité et en sécurité de ce que cela signifie pour vous.

Ayez toujours confiance en vous

Ayez confiance, peu importe ce qui vous arrive, se chargera de vos émotions. Cela pourrait ne pas vous faire sentir réel au début, mais allez de l'avant et regardez ce que vous pouvez tirer de l'expérience de cette situation. Comme dit précédemment, c'est un processus d'apprentissage, et qui peut prendre du temps.

La principale cause sous-jacente de l'anxiété, de l'inquiétude et du stress, c'est la crainte de ne pas être pas en mesure de faire face.

Cependant, ne vous sous-estimez pas.

Vous êtes fort et plein de ressources, de sorte que vous ferez toujours face à tout ce qui vous arrive. Cela est arrivé plusieurs fois avant, et vous avez prouvé que vous êtes capable de faire face à quoi que ce soit, de rejeter ou de prendre des décisions incorrectes. Il est juste question d'accepter cela et de lâcher prise. Cela est déjà arrivé dans le passé, habillé bien différemment, pourtant vous étiez encore en mesure d'avancer.

Rencontrez votre anxiété

Parfois, plus nous essayons de combattre ou de changer quelque chose juste pour se sentir bien, plus il reste le même. L'énergie que nous mettons dedans est épuisant. Dans ce cas, essayez de vous dire de ne pas y penser mais plutôt de voir comment cela fonctionne!

Les pensées anxieuses prennent beaucoup d'espace mental si précieuses et tirent même sur les émotions, l'imagination, la concentration, et les réflexions. Plus nous essayons de les contrôler, de leur donner un sens, plus elle se nourrissent de notre anxiété.

Essayez d'accepter de vivre avec votre anxiété, sans essayer de la changer. Accepter vos pensées et sentiments anxieux ne les rend pas plus fort ou ne les font pas rester plus longtemps. En fait, ils cessent lorsque vous arrêtez de les nourrir de votre énergie.

Ce que vous donnez votre attention devient puissant. Donc, plus vous vous concentrez sur quelque chose, plus il grandit et plus il va en se développant. Par conséquent, essayez de vous empêcher d'éloigner votre anxiété au loin. Sans forcer votre anxiété à aller vers vous, tentez de la comprendre afin que vous puissiez y faire face.

Exercez l'acceptations de vos sentiments quand vous les ressentez pendant environ deux minutes. Ce n'est pas si facile, mais c'est puissant. Commencez par petits morceaux et travaillez à partir de là. Si vous pouvez travailler dessus pendant plus de 10 minutes (assis avec vos pensées anxieuses comme si elles étaient quelque chose de naturelle), c'est le mieux pour vous. Après quelques minutes, donnez-leur toute votre attention et essayer de les transformer en autre chose. Voyez comment vous vous sentez et quand vous êtes prêt, travaillez dessus plus longtemps.

Effacer vos Filtres

Les expériences du passé tout comme leurs messages ont leurs propres façons de changer les filtres à travers lesquels nous voyons la vie, et comment le monde est. Voici comment cela fonctionne pour nous, indépendamment de la présence d'anxiété dans notre vie.

Essayez de voir les moments et les expériences comme si elles ne se produisait que pour la première fois dans votre vie, même si vous les avez connus trop souvent de par le passé pourtant, personne ne saura exactement ce à quoi vous faites face dans le moment présent. Notez la différence entre ce qui se passe maintenant et ce qui vous est arrivé avant.

Chaque fois, que vous allez expérimenter, vous allez changer pour le mieux, plus courageux, sage, fort et de plus en plus capable de traiter votre anxiété même s'il y a des moments où vous serez plus anxieux et plus inquiet.

Soyez ouvert aux nouvelles possibilités qui viennent vous apporter une nouvelle expérience parce que c'est ce qu'il est, une toute nouvelle expérience !

Disons que vous avez eu une rupture douloureuse avec une relation de longue date, alors il y a toujours cette tendance à garder et à regarder en arrière en ouvrant votre cœur à une nouvelle relation. Une nouvelle relation avec une nouvelle personne peut vous donner un sentiment de trop risqué et cela est compréhensible.

Pour vous, rester à l'écart et éviter les gens est quelque chose qui vous tiendra en lieu sûr et sécurisé. Mais avec cela, vous vous éloignez des possibilités qui sont juste là et qui n'attendent juste que vous les trouviez. La progression peut se produire quand nous choisissons de nous ouvrir à nous-mêmes, et non pas en évitant de nouvelles expériences parce que nous sommes toujours touchés par ce qui est arrivé dans le passé.

Accepter l'incertitude

L'anxiété peut facilement causer une agitation parce que l'avenir est toujours incertain. Les choses peuvent ne pas aller selon le plan et plus nous essayons de contrôler dans toutes les situations, plus nous devons réaliser, moins nous avons de contrôle.

Essayez de laisser aller est la nécessité d'être certain en tout temps, même juste pour un moment. Bien que cela peut être difficile à accepter surtout pour les personnes qui sont maniaques du contrôle, vous devez commencer à aller vers l'incertitude. À faire des expériences et à essayer de lâcher la nécessité de contrôler le moment présent, le passé ou l'avenir, et cela inclut le contrôle des gens autour de vous. Si vous pouvez vous appuyer sur votre incertitude et prendre le temps de la tolérer, elle aura moins de contrôle sur vous.

En permanence, en expérimentant les différentes stratégies, vous maîtriserez plus rapidement votre anxiété.

Vos premiers essais n'apporteront pas beaucoup de changement car ils sont comme des gouttes d'eau dans un vase. Les mêmes choses vont se passer à la suivante, et ainsi de suite. Les choses ne seront pas perceptibles au début, mais en continuant à les utiliser régulièrement, par la suite, vous serez en mesure d'avoir une plus grande capacité d'exploiter la force de votre esprit sauvage et plus vous le ferez fonctionner en votre faveur.

Vous vous rendrez vite compte et vous comprendrez que vous aurez toujours ce qu'il faut et que vos pensées et sentiments anxieux passeront simplement comme un jour de mauvais temps.

CHAPITRE 4: COMMENT OBTENIR DU SOULAGEMENT DANS LE SOUCI, l'ANGOISSE ET LA PEUR

Se soucier peut-être utile quand cela vous pousse à prendre des mesures et à résoudre un problème. Lorsque vous êtes inquiet au sujet des « si » et « des pires scénarios », alors cela peut devenir un problème. Les doutes inexorables et les craintes peuvent être paralysants. Ils peuvent saper votre énergie émotionnelle, faire monter en flèche vos niveaux d'anxiété, et interférer avec votre vie quotidienne. Cependant, l'inquiétude chronique est une habitude mentale qui peut être démolie et transformé en quelque chose d'utile. Vous pouvez former votre cerveau pour rester calme et regarder la vie dans une perspective plus positive.

Pourquoi est-il difficile d'arrêter l'inquiétude ?

S'inquiéter, n'est jamais une activité agréable, alors pourquoi personne ne cesse de s'inquiéter ? La réponse réside dans la croyance que vous avez sur l'inquiétude.

Si vous pensez qu'une inquiétante constante entraînera votre anxiété à devenir complétement hors de contrôle, à nuire à votre santé ou à vous rendre fou, tout cela va s'ajouter à vos soucis et la garder longtemps. C'est pareil quand vous soucier de pouvoir dormir, plus vous allez rester éveillé.

Lorsque vous vous inquiétez de savoir pourquoi vous ne trouvez pas le sommeil, c'est cela qui vous garde éveillé. Les mêmes choses fonctionnent avec les préoccupations d'un trop de soucis. A l'inverse, avec un côté positif, vous pouvez croire que les éléments favorables vous aident à éviter les mauvaises choses. Cependant, des croyances positives sur ses inquiétudes, peuvent entraîner plus de dégâts car il est plus difficile de briser l'habitude de se soucier si vous croyez que cela peut vous aider. Pour mettre un terme à l'inquiétude, renoncez à votre croyance que les préoccupations ont un but positif.

Il est difficile d'arrêter l'habitude de s'inquiéter une fois que vous y croyez. Vous devez en quelque sorte réaliser que l'inquiétude est un problème et non une solution de façon à reprendre le contrôle de votre esprit anxieux.

Règle n ° 1 - Créer un temps d'inquiétude

N'est t'il pas difficile d'être productif dans votre vie quotidienne quand les difficultés et les inquiétudes dominent votre esprit ? Alors, que devez-vous faire ?

Vous dire de ne pas vous inquiétez pas ne fonctionne pas la plupart du temps. Si cela fonctionne, cela ne durera pas longtemps. Vous pouvez être en mesure de détourner votre esprit de ces pensées inquiétantes pour un moment, mais pas pour longtemps. Vous ne pouvez pas bannir les pensées et les sentiments d'anxiété pour de bon. Lorsque vous faites cela, vous les rendez même plus forts et plus persistants.

Testez par vous-même. Fermez les yeux un instant et essayez d'imaginer un gorille rose. Une fois que vous voyez ce gorille rose apparaître dans vos pensées, cesser de penser à ce que vous faites dans la prochaine heure. Tout ce que vous pensez et ce gorille rose ! Mais comment pouvez-vous faire quelque chose quand ces gorilles roses continuent à sauter dans votre esprit ?

Pourquoi les arrêter ne fonctionne pas ?

Lorsque vous essayez d'arrêter ces pensées, ils ripostent parce que votre esprit vous oblige à vous concentrer sur la pensée même que vous vouliez jeter.

Vous êtes toujours en train de la regarder et cela fait que c'est plus important. Cependant, il ne signifie pas que l'anxiété est incontrôlable. Vous pouvez contrôler l'anxiété en utilisant une approche différente. Au lieu d'essayer de se débarrasser de vos pensées anxieuses, essayez de vous y attarder plus longtemps mais ne les laissez pas vous toucher.

Comment retarder l'inquiétude

Créez une « période de souci. » Définissez une heure et un lieu pour vous concentrer sur vos soucis. Cela doit devenir un programme de routine. Donc, si vous choisissez de vous inquiéter dans votre chambre, disons entre 15h00 et 15h20. Le plus tôt est le mieux pour que vous ne soyez pas inquiet pendant le dîner ou avant d'aller dormir. Pendant ce temps fixé pour vos soucis, vous pouvez penser à tous les soucis enfermés dans votre esprit. Mais pour le reste de la journée, assurez-vous que ce soit sans souci !

Lorsque l'anxiété frappe en dehors du temps de souci, il suffit d'en prendre note et de le mettre de côté pour continuer votre journée. Rappelez-vous que vous avez un temps spécifique réservé à cela et qu'il n'y a donc pas besoin de s'inquiéter à ce sujet-là, à ce moment-là.

Allez au-dessus de votre liste de préoccupation

Lorsque votre temps à soucis vient, prenez la liste des pensées qui vous inquiètent. S'il y en a qui continue de vous tracasser, alors laissez-vous tenter par ces inquiétudes, mais seulement pour le temps imparti pour les inquiétudes. Si les pensées anxieuses ne vous semblent plus être importantes, alors réduisez votre période de souci pour pouvoir profiter du reste de la journée.

Remettre à plus tard les soucis, est efficace car cela brise l'habitude d'avoir des soucis lorsque vous avez d'autres choses à faire. Ne refoulez pas, ne luttez pas, ne jugez pas les pensées anxieuses, mais plutôt remettez les à plus tard pour une date ultérieure. En développant la capacité à reporter votre esprit anxieux, vous vous rendrez vite compte que vous avez plus de contrôle sur eux que vous pensez.

Règle n ° 2 - Le problème est-il solvable ?

Essayez de vous demander si le problème est solvable. Avec de la recherche, alors que vous êtes inquiet, vous êtes susceptible de vous sentir anxieux temporairement. Pendant que vous pensez sur le pourquoi du problème, il vous distrait de vos émotions et vous fait sentir comme si vous accomplissiez quelque chose. Cependant, nous savons que la préoccupation et la résolution des problèmes sont deux choses différentes.

Alors que dans la résolution de problèmes, nous essayons d'évaluer une situation et de trouver des solutions concrètes pour mettre un plan en action, avec de l'inquiétude, cela conduit rarement à une solution. Peu importe combien de temps vous passez à penser aux pires scénarios, vous vous rendrez compte que vous n'êtes toujours pas préparé à eux quand ils arrivent.

Comment distinguer les inquiétudes solvables de celles qui ne le sont pas ?

Quand une inquiétude apparaît dans votre esprit, vous pouvez vous demander si ce problème est quelque chose que vous pouvez résoudre. Pour en savoir, les questions suivantes peuvent vous guider.

- Est-ce juste de l'imagination ?

- Le problème est quelque chose que vous avez en face à l'heure actuelle ou est-ce votre imagination ?

- Si le problème vient de l'imagination, comment est-ce susceptible de se produire ? Vos craintes sont t'elles réalistes ?

- Le problème est-il solvable ou est-il hors de votre contrôle?

Les soucis solvables sont ceux dont vous pouvez prendre des mesures tout de suite. Comme par exemple, vous êtes inquiet au sujet de vos factures, alors la meilleure solution pour cela est d'appeler vos créanciers et demander une option de paiement flexible. D'autre part, les soucis non productifs sont ceux qui sont irrémédiables et dont vous ne pouvez pas faire quelque chose, comme, que faire si l'on attrape un jour une maladie mortelle ?

Lorsque les soucis résolubles arrivent, vous pouvez réfléchir à eux. Dressez la liste de toutes les solutions possibles auquel vous pensez, mais essayez de ne pas trop vous accrocher à la recherche d'une solution parfaite. Essayez juste de vous concentrer sur les choses que vous pouvez changer, plutôt que sur les circonstances ou les réalités qui sont bien au-delà de votre contrôle.

Après avoir évalué toutes les options possibles, faire un plan d'action. Pour commencer votre plan de roulement, faite quelque chose au sujet du problème pour être beaucoup moins inquiet.

Faire face aux inquiétudes difficiles

Lorsque vous êtes un anxieux chronique, la grande partie de vos soucis semble être sans solution. L'inquiétude vous aide à occuper vos pensées préoccupantes plutôt que de vous laisser troubler par des émotions sous-jacentes. Mais encore, vous ne pouvez pas aller loin avec vos émotions anxieuses.

Pendant que vous vous occupez de tous ces soucis, vos sentiments sont temporairement bloqués et supprimés. Cependant, dès que vous cessez de vous inquiéter, ils vont tous rebondir. Et puis vous commencez à vous soucier de ce que vous ressentez. « Qu'est-ce qui ne va pas ? Pourquoi est-ce que je ressens ceci ? »

Mais si le souci est quelque chose que vous ne pouvez pas résoudre ? Si vous êtes un anxieux chronique, la grande majorité de vos pensées anxieuses vont probablement tomber dans ce camp. Dans de tels cas, il est important d'accorder vos émotions.

L'inquiétude vous aide à éviter les émotions désagréables.

Quand vous ressentez de l'inquiétude, vous pensez à la façon de résoudre le casse-tête plutôt que de ressentir les émotions sous-jacentes. Mais vous pouvez repousser ces émotions. Pendant que vous êtes préoccupés, vos sentiments sont temporairement supprimés, mais dès que vous vous arrêtez, ils reviennent. Et puis, vous commencez à vous soucier de vos sentiments: « Qu'est-ce qui ne va pas avec moi ? Je ne devrais pas me sentir comme cela ! »

Adoptez vos sentiments

Il semble effrayant au début d'adopter vos sentiments anxieux à cause de vos croyances négatives à leur sujet. Nous croyons toujours que nous devons être constamment rationnel et responsable de nos sentiments. Surtout, vous ne devez pas ressentir d'émotions négatives comme la rage, la colère, la peur, la rancœur, etc...

Cependant, les émotions sont comme une vie en désordre. Ils ne sont pas toujours agréables, ni toujours sensés. Toutefois, les sentiments font parties du positif et de négatif de notre être humain. Tant que vous pouvez les accepter ils sont normaux. Tout comme une partie de ce que nous sommes en tant qu'êtres humains, vous pouvez en faire l'expérience sans vous sentir vraiment débordés et vous pouvez les gérer pour les utiliser à votre avantage.

Règle n ° 3: Défiez vos pensées anxieuses.

Quand vous souffrez d'angoisses et d'anxiété chronique, il y aura une grande tendance à voir la vie de façon négative et pour vous, le monde pourra sembler dangereux pour ce qu'il est. Pour illustrer cela, chaque fois que vous surestimez la possibilité que les choses iront vers les pires scénarios, cela discréditera également votre capacité à gérer ce problème de la vie et cette capacité tombera toujours au premier signe de difficulté. Cette attitude qu'est la vôtre est connu comme étant une distorsion cognitive.

Les distorsions cognitives font partie des schémas de résonnement qui pendant longtemps ont été emmagasinées dans vos pensées et qui sont devenu des automatismes sans que vous n'en soyez au courant. Pour briser ces habitudes de pensée négative, vous devez recycler votre cerveau pour arrêter l'inquiétude et l'anxiété qu'ils apportent à votre cerveau. Bien que les distorsions cognitives ne soient pas réelles, il n'est pas facile de les arrêter.

Vous pouvez commencer par identifier une pensée effrayante puis d'essayer de détailler autant que possible les choses qui vous font peur ou qui vous inquiètent. Au lieu de prendre ces pensées comme des faits, considérez-les comme de simples hypothèses qui doivent encore être testés. Comme vous examinez et défiez vos soucis et vos peurs, vous développerez rapidement une perspective plus équilibrée.

La question de la pensée anxieuse

- Qu'est-ce qui prouve qu'une pensée est juste ? Ou non ?

- Y a-t-il une autre façon de regarder la situation en étant plus réaliste et positif ?

- Quelle est la probabilité que ce qui vous fait peur va se passer ? Si la possibilité est faible, alors quels sont les résultats probables ?

- La pensée est utile ? Est-ce que l'inquiétude vas vous aider ou vous vous blesser ?

- Comment puis-je sympathiser avec un ami qui est préoccupé ?

Les distorsions cognitives ajoutent plus d'anxiétés, de stress et de préoccupations.

Le raisonnement du tout-ou-rien

Vous avez tendance à regarder les choses en noir et blanc mais rien entre les deux. Cela signifie que vous pensez comme ça : « je suis en échec total une fois que je tombe un peu sur ce que les autres personnes attendent. »

La surgénéralisation

À partir d'une seule expérience traumatisante ou négative, vous supposez que les choses vont se passer comme cela l'a été. Exemple: « Je n'ai pas réussi le test donc même si je le retente, je vais encore échouer. »

Le filtre mental

Tend à se concentrer sur les pensées négatives tout en essayant de bloquer les points positifs. Vous pouvez facilement remarquer le négatif sur des centaines de points positifs parce que l'esprit filtre les points positifs.

Diminuant le positif

Facilement en se trouvant des raisons quand la chose ne vient comme attendue « J'ai bien fait l'examen, mais il semble que je ne sois pas le favori de l'examinateur. »

Sauter aux conclusions

Vous faites rapidement de mauvaises interprétations et jugez en l'absence de preuve. Vous pouvez agir comme un télépathe ou une diseuse de bonne aventure.

Le catastrophisme

Vous attendez toujours l'apparition du pire scénario.

Raisonnement émotionnel

Vous croyez que la façon dont vous vous sentez reflète la réalité.

L'étiquetage

Vous vous étiquetez en vous basant sur les erreurs et les lacunes perçues.

Dois-je et ne dois-je pas

Vous vous liez à un ensemble de règles strictes de ce que vous devez faire et ne pas faire. Vous vous imposez aussi une pénalité sur vous-même si vous ne parvenez pas à suivre cette règle stricte.

Personnalisation

Vous assumez la responsabilité des choses et des situations indépendantes de votre volonté. Exemple : « C'est à cause de moi qu'il est mort ! »

Règle n ° 4 - Accepter l'incertitude

Lorsque vous avez cette incapacité à tolérer l'incertitude, cela va probablement vous conduire à des angoisses et à de l'anxiété. L'anxiété chronique tiens de l'imprévisibilité et des doutes. Voilà pourquoi ils ont tendance à s'immiscer dans les pensées anxieuses et les sentiments. Ils se sentent plus en sécurité dans l'inquiétude, mais ce sentiment de sécurité n'est juste qu'une illusion. Pour eux, ils voient l'inquiétude comme un moyen de prédire ce qui vas s'installer dans l'avenir. C'est leur façon d'éviter les mauvaises surprises afin qu'ils puissent garder le contrôler du résultat. Cependant, le problème réside dans le fait que cela ne fonctionne pas.

Quand vous pensez à toutes les mauvaises choses qui vont venir, cela ne rend pas la vie prévisible. En se concentrant sur les pires scénarios cela ne va pas les empêcher de se produire, mais cela va sûrement vous empêcher de profiter de la vie dans le moment présent. Par conséquent, si vous voulez arrêter vos soucis, commencer par lutter contre votre besoin de sécurité et de solutions immédiates.

Accepter l'incertitude

Accepter l'incertitude est la clé pour soulager l'anxiété et être ainsi en mesure de comprendre les problèmes du refus d'accepter l'incertitude des choses ou des situations, guide vous avec les questions et suivantes et n'oubliez pas d'écrire vos réponses.

- Y a-t-il une certitude dans tout ce qu'est la vie ?

- Si vous essayez de peser une certitude contre un incertitude, comment sont-ils aidants ou utiles pour vous ?

- Pensez-vous que la prédiction de mauvaises choses à venir en fonction de l'incertitude est une chose raisonnable à faire ?

- Comment évaluez-vous la possibilité de résultats positifs ou neutres ?

Règle n ° 5 - Prenez conscience des autres

La façon dont vous vous sentez est affecté par votre environnement et en particulier par le genre de personnes avec lesquels vous êtes en contact, que vous en soyez conscient ou non !

Des études montrent que les émotions sont contagieuses car qu'elles peuvent affecter les autres. Observez que l'on peut rapidement attraper les « humeurs » les uns des autres, même d'un étranger complet que nous aurions rencontré sur la route et à qui probablement vous ne parlez plus jamais à nouveau Les gens avec qui vous passez beaucoup de temps le reste de la journée auront encore plus d'impact sur votre état mental et émotionnel.

Gardez un journal des soucis

Vous n'êtes peut-être pas au courant de la façon dont vous êtes affectés par les situations et les personnes. Il se pourrait que ce soit une scène habituelle se produisant dans votre maison. Maintenant, pour garder une trace des choses et des situations et de comment ils vous affectent et vous causes des préoccupations, commencez à prendre des notes à chaque fois que vous commencez à être soucieux. Notez les pensées et voyez ce qui les déclenche. Finalement, vous vous rendrez compte qu'il y a en quelque sorte un modèle qui se dessine.

Passez moins de temps avec ceux qui vous apporte de l'anxiété

S'il y a quelqu'un dans votre vie qui semble vous apporter beaucoup de stress dans la vie, commencer à réduire le temps que vous passez avec cet individu. Vous pouvez également lui proposer l'établissement de limites plus saines. Pour illustrer, essayer de définir certains sujets qui sont hors-limites. Nous connaissons les types de sujets qui déclenchent habituellement notre sentiment d'anxiété.

Choisissez soigneusement les personnes à qui vous vous confiez

Lorsque vous êtes angoissé au sujet de quelque chose, et que vous voulez partager vos pensées et vos sentiments anxieux avec les autres, choisissez avec soin la personne à qui vous pouvez confier ces choses. Certaines personnes peuvent aider par l'introduction de perspectives positives, mais il y en a d'autres qui viendront nourrir plus vos inquiétudes, vos peurs et vos doutes. En fin de compte, vous allez être encore plus en difficulté que vous ne l'étiez avant avec des confidences à ce genre de personnes.

Règle n ° 6 – Entrainer la conscience

Mettez l'accent sur l'avenir, ce qui pourrait vous arriver si vous le faites ou non, ou si quelque chose arrive et que quelque part vous vous y attendiez.

Les techniques de méditation de pleine conscience peuvent aider à soulager la tension créée par l'anxiété et peuvent vous aider à vous libérer de vos soucis tout en vous apportant une attention du moment présent.

Contrairement à ce que nous avons déjà abordé au sujet de défiance de vos pensées anxieuses et de les programmer pour un temps sans souci, cette technique de méditation encourage l'observations de vos pensées et sentiments anxieux puis les laisser partir sans aucun jugement. Ceux-ci peuvent vous aider à déterminer où votre pensée vous cause des problèmes tout en vous aidant à vous reconnecter avec vos émotions.

Reconnaître et observer

Ne contrôlez pas, n'ignorez et ne combattez pas vos pensées et sentiments anxieux. Au lieu de cela observez les simplement comme de l'extérieur sans avoir de réactions et de jugement sur ce que vous voyez dans le présent.

Laissez-les aller !

Plus vous essayez de contrôler vos pensées anxieuses, plus elles sont susceptibles de surgir et un jour de passer au loin comme ces nuages se déplaçant à travers le ciel. Il est simple quand vous commencez à vous engager avec vos pensées de rester coincer au début.

Restez concentré sur le présent

Vous pouvez faire attention à la façon dont votre corps se sent, votre respiration et l'évolution constante des pensées et des émotions qui dérive à travers vos pensées.

Dans la méditation de pleine conscience, rester dans le moment présent est un concept de base, mais il faudra de longues années de pratique avant de pouvoir en récolter les bénéfices. Lorsque vous commencez vos exercices, vous remarquerez que votre esprit peut facilement se promener et sortir du tracé.

Vous vous sentirez frustré quand votre esprit s'attardera longtemps sur vos soucis. Au lieu de devenir frustré, chaque fois, attirez votre attention vers le présent. De cette façon, vous renforcez une nouvelle habitude mentale qui vous aidera à éliminer les pensées négatives, l'anxiété et cela vous aider à vous libérer des préoccupations négatives.

CHAPITRE 5: LES ALIMENTS QUI AIDENT À COMBATTRE L'ANGOISSE

Il y a beaucoup d'aliments qui peuvent réduire ou gérer les symptômes d'anxiété et il y a d'autres qui peuvent l'empirer ou l'aggraver. Même si un trouble grave de l'anxiété a besoin de médicaments et le traitement, les cas les moins graves devraient être gérés par un bon régime. Avec quelques modifications à votre style de vie et de votre alimentation, vous pourrez gérer naturellement l'anxiété.

Des études ont montré que certains aliments ont la possibilité d'apaiser vos sens et qu'ils peuvent même améliorer votre humeur. Laissez-nous vous donner quelques conseils sur la façon dont vous pouvez modifier votre alimentation avec ces aliments.

Introduisez des aliments riches en acides gras oméga-3

Les acides gras oméga-3 ne combattent pas seulement l'inflammation, ils peuvent aussi améliorer votre humeur, et vous permettre de faire face au stress. De plus, ils peuvent aussi vous aider à combattre l'habitude d'abus des substances qui sont généralement mises en mouvement en raison de problèmes de stress et d'anxiété.

Les acides gras oméga-3 sont présents dans les fruits de mer comme le saumon, les huîtres, le thon et le maquereau. Vous pouvez également en obtenir dans un avocat, dans des graines de chia, dans du soja, des épinards, des noix et dans l'huile d'olive.

Inclure la bonne quantité de glucides complexes

Ces aliments peuvent augmenter le niveau de sérotonine dans le cerveau qui est responsable de l'équilibre de notre humeur. Avoir des niveaux élevés de sérotonine fomente un effet apaisant sur une personne.

Par rapport aux glucides simples ou raffinés, les glucides complexes contiennent des quantités plus élevées de vitamines, minéraux et, fibres. Ils peuvent être trouvés dans les aliments comme l'avoine à grains entiers, le riz brun, les pâtes, le pain de grains entiers, le quinoa, les pommes de terre, les patates douces, le maïs, les lentilles, et même dans les légumes verts.

Optez pour la camomille

Selon les études, le thé à la camomille peut aider à réduire les symptômes d'anxiété. Prendre 3 à 4 tasses par jour pour obtenir des résultats adéquats. Puisque la camomille a des propriétés apaisantes, vous pouvez aussi essayer de l'utiliser par des onguents, des extraits liquides, et des suppléments.

Aliments de consommation élevés en tryptophane

Le tryptophane est un acide aminé essentiel dans notre alimentation. Nos corps ne peut pas en créer. C'est pourquoi, nous en prenons dans la nourriture que nous consommons. Cet acide est un antécédent de la sérotonine, un neurotransmetteur qui travaille à équilibrer la ligne d'une personne. En outre, le tryptophane favorise un meilleur sommeil, et diminue les niveaux de votre anxiété.

Les aliments riches comprenant du tryptophane sont les produits à base de soja, le tofu, les œufs, le lait, le fromage, le beurre d'arachide, les graines de citrouille, les graines de sésame, les arachides, les noix, la dinde, le poulet et, le poisson. Pour rendre ces aliments plus efficaces, les préparer avec des ingrédients riches en glucides complexes. De cette façon, les glucides rendre plus accessible le tryptophane dans le cerveau pour générer la sérotonine.

Mangez des aliments riches en vitamine B

Les vitamines B, et plus spécifiquement B1 et B12, peuvent combattre l'anxiété en déclenchant la production de sérotonine dans votre cerveau. Vous pouvez trouver différentes vitamines B dans les aliments comme la volaille, les produits laitiers, les céréales enrichies, les céréales, les légumes à feuilles vert foncé, la viande et, le poisson.

Les végétariens et les personnes âgées sont à risque élevé de carence en vitamine B, ce qui les rend vulnérables aux symptômes d'anxiété. Pour cela, la prise de suppléments de vitamine B peuvent être nécessaires.

Incorporer des protéines au petit déjeuner

Le petit-déjeuner est le repas le plus important de la journée. Il est la source d'énergie qui peut lutter contre les effets de l'anxiété tout au long de la journée. Un petit-déjeuner riche en protéines peut vous aider à vous sentir satisfait tout au long de la journée et gérer votre taux de sucre.

Les viandes maigres, le yaourt grec, le fromage cottage, le lait, les œufs, le tofu, les protéines de petit-lait, les haricots, les lentilles sèches, le thon, le saumon, le flétan, les anchois et les sardines sont des aliments qui contiennent des protéines.

Restez hydratés

La déshydratation peut grandement influencer votre humeur et votre équilibre énergétique. Buvez des quantités suffisantes de liquides clairs. Prendre 8 verres ou 2 litres d'eau est une bonne règle pour rester hydraté tout au long de la journée.

Aliments à éviter

Il y a des aliments que vous devez éviter car ils exacerbent l'anxiété. Voici les façons de faire pour éviter l'anxiété causés par les aliments que vous consommez.

Réduire la quantité d'acides gras oméga-6

Les graisses oméga-6 qui sont en grande partie absorbée par les légumes peuvent augmenter le risque d'inflammation dans le cerveau et sont associés à des déséquilibres des humeurs.

Les sources les plus courantes de ces graisses comprennent l'huile de maïs, l'huile de sésame, l'huile de soja et l'huile de carthame. Essayez d'utiliser d'olive ou de l'huile de canola dans votre préparation alimentaire au lieu d'huiles riches en acides gras oméga-6.

Évitez l'alcool

Même si vous pensez que l'alcool a un effet calmant immédiat et que c'est bon pour votre anxiété, le processus de métabolisation de l'alcool ne fera que vous conduire vers un sentiment de nervosité. Cela va également interférer avec votre rythme de sommeil.

L'alcool est montré comme une cause des crises d'angoisse et de panique.

La quantité maximale admissible d'alcool que vous pouvez consommer est un verre par jour pour les femmes et un double de ce montant pour les hommes. Un verre unique est estimé à environ 12 onces de bière (environ 35 cl.) ou d'environ 5 onces (15 cl.) du vin. Mais, renoncer à l'alcool n'est pas facile, mais cela pourrait être utile complétement pour aider à gérer les problèmes d'anxiété.

Réduire la caféine

La caféine a un effet stimulant qui peut prendre jusqu'à huit heures avant qu'il se dissipe. En plus de vous faire sentir nerveux et stressé, la caféine peut interférer avec vos heures de repos.

Semblable à l'alcool, la caféine, qui est couramment dans le café et le thé déclenche également des crises de panique et d'anxiété. On la trouve aussi dans certaines boissons énergétiques, boissons pour sportifs, et autres suppléments. Il vaudrait donc mieux aller vers du café et du thé décaféiné pour réduire les symptômes d'anxiété.

Évitez les glucides simples et les sucres

Les sucres simples et les glucides raffinés sont considérés comme ayant des effets négatifs sur l'énergie, l'humeur et l'anxiété. Essayez de réduire votre consommation des aliments suivants, autant que possible.

Ces types d'aliments comprennent les friandises sucrées comme des bonbons, les gâteaux, les pâtisseries et les plats cuisinés à base de farine blanche, comme les pâtes et le pain blanc ordinaire.

Gérer les allergies alimentaires

Il y a certains aliments et additifs qui sont nocifs pour les personnes ayant une sensibilité à eux. Les gens qui sont touchés peuvent subir des changements d'humeur, d'anxiété, d'irritabilité et consommer certains aliments auxquels ils sont allergiques.

Les irritants les plus courants pourraient être le soja, les œufs, le poulet, le tabac, le blé et le sucre.

L'intégration d'autres activités pour gérer l'anxiété naturellement

Prendre des suppléments

Il existe des suppléments à base de plantes qui se sont révélées comme ayant des propriétés anti-anxiété naturelle en caractéristiques. Cependant, avant d'ajouter des plantes en suppléments à votre alimentation, assurez-vous que vous consultiez votre médecin à ce sujet pour vous assurer qu'ils sont sûrs et appropriés pour vous. Vous pourriez avoir des allergies à certains des composants d'un certain supplément à base de plantes.

Prenez note des avantages suivants vous pouvez gagner de prendre des suppléments extraits d'herbes et d'autres plantes.

Extrait de passiflore - On a découvert que l'extrait de passiflore pourrait diminuer l'anxiété générale.

La valériane officinale - Selon certaines études, l'extrait de racine de valériane officinale produit un effet sédatif qui est la raison pour laquelle elle est utilisé pour aider une personne avec des problèmes de sommeil. D'autres études prouvent qu'elle peut également aider à gérer le stress et l'anxiété.

La Mélisse officinale – La Mélisse officinale peut réduire le stress et l'anxiété, mais si vous souffrez d'hyperthyroïdie, il vaudra mieux l'éviter.

Les exercices

Avec de l'exercice régulier, vous pouvez gérer votre anxiété, des études montrent que les exercices ont un effet positif immédiat et durable sur l'anxiété.

Les récentes lignes directrices du gouvernement des États-Unis sur la santé recommandent au moins 2 heures ½ de séance d'entraînement physique d'intensité modérée pour les adultes comme la marche rapide par semaine et 1 heure ¼ d'activité vigoureuse comme des longueurs de natation ou du jogging. Vous pouvez faire une combinaison des deux pour une meilleure santé.

Avoir un régime d'exercice régulier est nécessaire pour vous aider à composer avec le bombardement des problèmes de stress et d'anxiété liés au travail. Si vous en avez un, alors c'est bien et continuez. Mais pour les autres qui n'aurais pas encore commencé, voici quelques conseils pour en faire.

- Partez faire du jogging, du vélo, de la marche ou de la danse de trois à cinq fois par semaine pendant trente minutes.

- Plutôt que de travailler pour des séances d'entraînement parfaites, essayez la mise en place de petits objectifs cohérents et quotidiens. Marcher 15-20 minutes par jour est mieux que d'attendre jusqu'au week-end prochain pour faire un marathon de trois heures. Des études scientifiques suggèrent que la fréquence est plus importante.

- Choisissez une forme d'exercices qui sont à la fois amusant et agréable pour vous. Les personnes extraverties choisissent souvent des cours collectifs et des activités de groupe tandis que les personnes introvertis choisissent souvent des courses en solo.

- Beaucoup de gens aiment faire des exercices tout en écoutant de la musique ou des sons qu'ils aiment. Télécharger des livres audios, de la musique ou des podcasts par un iPod ou un autre lecteur multimédia portable ou autre appareil pour vous distraire.

- Il serait plus agréable si vous pouvez trouver un partenaire d'exercice et vous entraîner ensemble. Le plus souvent, il est plus facile de coller à votre régime d'exercice lorsque vous devez rester attaché à un partenaire.

- Soyez patient tout en faisant vos exercices. Si vous êtes de type sédentaire, il est typique que cela prenne environ 4 à 8 semaines pour se régler et se sentir à l'aise avec la coordination de vos activités.

Conseils d'exercice par temps froid

Le temps froid ne doit pas vous empêcher de faire votre régime d'exercice régulier et voici quelques conseils pour vous aider à passer à travers le froid.

- Habillez en couches pour votre exercice, que vous pouvez enlever quand vous commencez à transpirer. Vous pouvez facilement les remettre au besoin.

- Assurez-vous de protéger vos mains, vos pieds et vos oreilles. Porter assez de vêtement comme des gants, bandeaux et chaussettes pour éviter les engelures.

- Faites toujours attention à l'état du temps. Les frissons du vent et de la pluie peuvent vous rendre vulnérable au rhume. Si la température se trouve être en dessous de zéro degré et que le refroidissement éolien est fort, envisager de prendre une pause dans votre activité d'exercice et de trouver la place d'une activité à l'intérieur.

- Choisissez des vêtements appropriés. Comme il fait noir plus tôt pendant l'hiver, assurez-vous de porter des vêtements réfléchissants et de porter des chaussures avec une traction suffisante pour prévenir les chutes dans la glace ou la neige.

- Rappelez-vous aussi apporter votre crème solaire. Vous pouvez facilement être brûlé en hiver tout comme il en est en été, il faut donc toujours garder à l'esprit le SPF.

- En outre, planifier votre itinéraire et assurez-vous que le vent est à votre retour sur la fin de votre séance d'entraînement pour éviter d'avoir un frisson après avoir travaillé.

- Hydratez votre corps. Parfois, il est difficile de remarquer les symptômes de la déshydratation par temps froid, boire plus d'eau ou de liquides rafraîchissants avant, pendant et après votre exercice, même si vous ne vous sentez pas la soif.

- Connaître les signes de gelures et l'hypothermie. À la première vue de leurs signes, consultez immédiatement pour prévenir les engelures et l'hypothermie.

Dormez suffisamment

Lorsque vous rencontrez du stress ou des niveaux plus élevés d'anxiété, votre corps a besoin de repos et d'un sommeil suffisant, il est fortement recommandé que vous obtenez jusqu'à 7-9 heures de sommeil chaque nuit.

Pour être en mesure d'avoir la quantité nécessaire de sommeil, suivez ces conseils :

- Aller au lit tôt et lever vous tôt. Vous pouvez ressentir plus d'énergie dans votre corps physique quand vous obtenez assez de sommeil la nuit et quand vous vous réveillez pour commencer tôt.

- Éteignez toutes les lumières et les appareils électroniques avant de se coucher. Il est connu que les gadgets électroniques et les appareils libèrent des champs électromagnétiques qui ont des effets négatifs sur notre corps. Pour les libérer, vous avez besoin d'une mise à la terre comme le fait de prendre un bain, de marcher pieds nus sur le sol et quand vous faites connexion avec la nature. Il est également préférable si vous pouvez laisser vos gadgets électroniques en dehors de votre chambre.

Visitez votre médecin

Le trouble d'anxiété généralisée ou la simple anxiété nécessite parfois l'intervention des médecins pour un traitement ultérieur et une évaluation en dehors des changements du mode de vie alimentaire. Voir votre médecin ou des experts professionnels en santé mentale quand les symptômes de l'anxiété deviennent graves, parce que si vous avez beaucoup de stress, cela va interférer avec votre vie quotidienne. Les symptômes d'anxiété courants comprennent les crises de panique, une augmentation du rythme cardiaque, la nervosité, la transpiration, la difficulté de concentration, et le tremblement. Pour les type d'anxiété plus graves qui peuvent nécessiter un traitement médical, les symptômes comprennent les tentatives de suicide ou le sentiment que constamment les inquiétudes interfèrent avec votre travail et la vie quotidienne.

Conclusion

Le contrôle et la libération de votre esprit sont une puissance à travers recâblage de vos pensées anxieuses et passer à un mode de vie alimentaire efficace vous aidera à réduire les crises de panique, la peur, les soucis et les autres symptômes liés à l'anxiété et préviendra leur apparition.

Il est difficile de contrôler un esprit inquiet, et il a besoin de formation tout au long des exercices de méditation pour changer sa direction vers un nouvel esprit. Pendant des années, il a été utilisé, il a pris des habitudes qui ont en quelque sorte formé votre comportement et la personnalité globale que vous êtes, pour être en mesure de transformer ces habitudes, et vous devez commencer par recâbler vos pensées et vos émotions, en particulier celles qui sont anxieuses.

Maintenant que vous êtes au courant de la façon dont un esprit anxieux fonctionne et que vous pouvez faire quelque chose non seulement de contrôler mais aussi pour libérer toute sa puissance afin de calmer les pensées et les émotions non réglées, il est temps que vous commencez à agir sur elle.

Vivre avec une pensée et des émotions gênantes peut vous priver d'une vie heureuse et réussie, et à moins que vous preniez le contrôle de votre esprit anxieux, il continuera à prendre le contrôle total sur vous.

Utilisez la puissance de votre esprit anxieux pour diriger votre anxiété et la faire fonctionner à votre avantage DÈS MAINTENANT !

Pour finir

Merci encore d'avoir acheté ce livre !

J'espère vraiment que ce livre est en mesure de vous aider.

La prochaine étape pour vous est de **vous joindre à notre bulletin électronique** afin de recevoir les mises à jour sur les nouvelles versions des livres et les promotions à venir. Vous pouvez vous inscrire gratuitement et en prime, vous recevrez également notre livre « 7 erreurs de remise en forme, que vous faites sans le savoir » ! Ce livre bonus décompose beaucoup d'erreurs de conditionnement physique qui sont les plus courantes et démystifie beaucoup la complexité et la science de la remise en forme. Avoir toutes ces connaissances de remise en forme et de sa science organisée dans un livre étape par étape est une action qui vous aidera à démarrer dans la bonne direction dans votre parcours de remise en forme ! Joignez-vous à notre bulletin électronique gratuit et prenez votre livre gratuit, s'il vous plaît visitez le lien d'inscription : **www.hmwpublishing.com/gift**

Enfin, si vous avez aimé ce livre, je voudrais vous demander une faveur, seriez-vous assez aimable pour me laisser un commentaire sur ce livre ? Ce serait vivement apprécié !

Merci et bonne chance dans votre parcours !

À propos du co-auteur

Mon nom est George Kaplo, je suis un coach (entraîneur personnel) certifié de Montréal, Canada. Je vais commencer par dire que je ne suis pas le plus grand gars que vous n'aurez jamais rencontré et cela n'a jamais vraiment été mon objectif. En fait, je commencé à travailler pour surmonter ma plus grande insécurité quand j'étais plus jeune, qui était ma confiance en soi. Cela était dû à ma taille, mesurant seulement 5 pieds 5 pouces (168cm), cela m'a poussé vers le bas pour tenter quoi que ce soit que je voulais réaliser dans la vie. Vous pouvez passer au travers des difficultés en ce moment, ou vous pouvez tout simplement vous mettre en forme, et je peux certainement le raconter.

Personnellement, je me suis toujours un peu intéressé au monde de la santé et de la remise en forme et je voulais gagner un peu de muscle en raison des nombreuses brimades de mon adolescence sur ma taille et mon corps en surpoids. Je me suis dit que je ne pouvais rien faire de ma taille, mais que je pouvais faire quelque chose sur ce à quoi mon corps ressemblait. Ce fut le début de mon parcours de transformation. Je ne savais pas où commencer, mais je me suis lancé. Je me sentais inquiet, parfois j'avais peur que d'autres personnes se moque de moi si je faisais les exercices dans le mauvais sens. J'ai toujours souhaité avoir un ami à côté de moi qui serait assez bien informé pour m'aider à démarrer et pour me « montrer les cordes. »

Après beaucoup de travail, d'études et d'innombrables essais et erreurs. Certaines personnes ont commencé à remarquer que je devenais de plus en plus en forme alors que je commençais à former un intérêt vif pour le sujet.

Cela a conduit beaucoup d'amis et de nouveaux visages à venir me voir et à me demander des conseils de remise en forme. Au début, il semblait étrange quand les gens me demandaient de les aider à se mettre en forme. Mais ce qui m'a gardé est quand ils ont commencé à voir des changements dans leur propre corps et qu'ils m'ont dit que c'est la première fois qu'ils voient des résultats concrets ! A partir de là, plus de gens ont continué à venir à moi, et cela m'a fait prendre conscience après avoir lu tant et étudier dans ce domaine que cela m'a aidé, mais aussi que cela m'a permis d'aider les autres. Je suis maintenant un entraîneur personnel entièrement certifié et j'ai formé de nombreux clients à ce jour qui ont obtenu des résultats étonnants.

Aujourd'hui, mon frère Alex Kaplo (également un entraîneur personnel certifié) et moi, possédons et exploitons cette entreprise d'édition, où nous amenons les auteurs passionnés et les experts à écrire sur des sujets de santé et de remise en forme. Nous organisons également un site de remise en forme en ligne « HelpMeWorkout.com » et j'aimerais vous y connecter en vous invitant à visiter notre site Web à la page suivante et en vous inscrivant à notre newsletter via votre email (vous allez même obtenir un livre gratuit). Masi on a rien sans rien, si vous êtes dans la position que j'étais au début et vous voulez quelques conseils, n'hésitez pas à demander ... Je serai là pour vous aider!

Votre ami et entraîneur,

George Kaplo

Entraîneur personnel certifié

Télécharger un autre livre gratuitement

Je tiens à vous remercier d'avoir acheté ce livre et vous offre un autre livre (tout aussi long et utile que ce livre), « Erreurs de santé et de remise en forme : Vous en faites sans le savoir », totalement gratuitement.

Visitez le lien ci-dessous pour inscrire et le recevoir :
www.hmwpublishing.com/gift

Dans ce livre, je mets en évidence les erreurs de santé et de remise en forme les plus courantes, que probablement vous commettez en ce moment même, et je vais vous révéler comment vous pouvez facilement obtenir une meilleure forme dans votre vie!

En plus de ce cadeau utile, vous aurez aussi l'occasion d'obtenir nos nouveaux livres gratuitement, de concourir pour des cadeaux, et de recevoir d'autres e-mails utiles de ma part. Encore une fois, visitez le lien pour vous inscrire : www.hmwpublishing.com/gift

Droit d'auteur 2017 par HPM Publishing - Tous droits réservés.

Ce document de HPM Publishing appartenant à la société A & G Direct Inc, vise à fournir de l'information exacte et fiable en ce qui concerne le sujet et les problèmes couvert. La publication est vendue avec l'idée que l'éditeur n'est pas tenu responsable, officiellement autorisé, ou non, des services qualifiés. Si des conseils sont nécessaires, juridiques ou professionnels, une personne pratiquant la profession doit être recommandé.

A partir d'une déclaration de principes qui a été acceptée et approuvée également par un comité de l'Association du Barreau américain et un Comité des éditeurs et des associations.

En aucun cas, il est légal de reproduire, dupliquer ou transmettre une partie de ce document que ce soit par des moyens électroniques ou que ce soit en format imprimé. L'enregistrement de cette publication est strictement interdit, et tout stockage de ce document n'est pas autorisé, sauf avec la permission écrite de l'éditeur. Tous droits réservés.

L'information fournie est indiquée pour être honnête et cohérente, toute responsabilité, en termes de manque d'attention ou autrement, par toute utilisation ou abus de toute conditions, des processus ou des directions contenues sont de la responsabilité solitaire et totale du lecteur destinataire. En aucun cas, la responsabilité légale ne peut être invoqué de même que la faute de l'éditeur pour une réparation, des dommages ou des pertes financières en raison des informations présentes que ce soit directement ou indirectement.

Les informations sont présentées ici à titre d'information uniquement, et c'est universel comme cela. La présentation de l'information est sans contrat ou tout autre type d'assurance de garantie.

Les marques de commerce utilisées sont sans consentement, et la publication de la marque est sans autorisation ou soutien du propriétaire de la marque. Toutes les marques et marques déposés décrites dans ce livre ont un but de clarification et

restent la propriété des propriétaires eux-mêmes, elles ne sont pas affiliés à ce document.

Pour encore plus d'excellents livres visitez :

HMWPublishing.com

www.ingramcontent.com/pod-product-compliance
Lightning Source LLC
Chambersburg PA
CBHW070921080526
44589CB00013B/1387